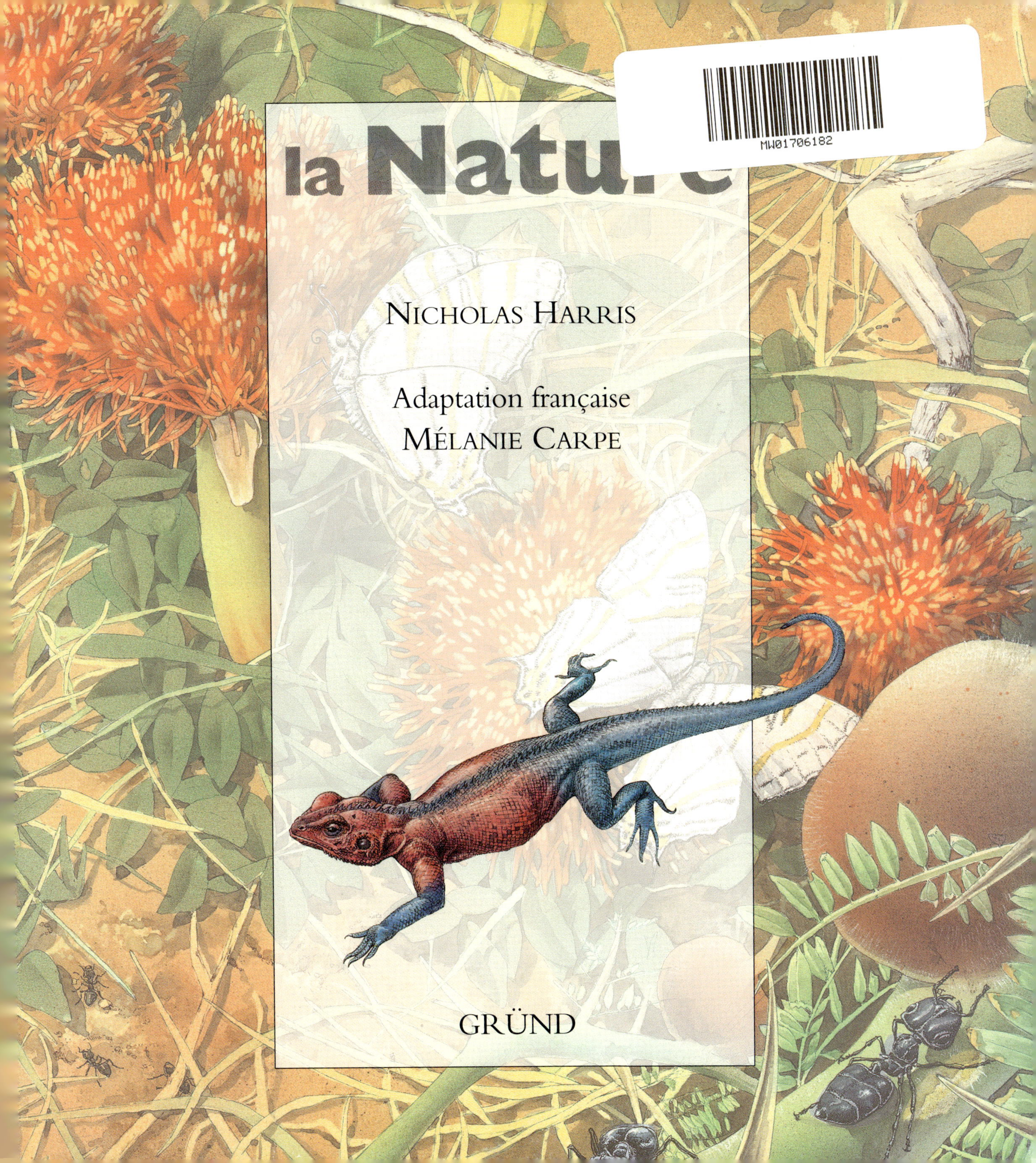

la Nature

Nicholas Harris

Adaptation française
Mélanie Carpe

GRÜND

12 LES ANIMAUX

6 LA TERRE

14 LES PLUS PETITS

8 LA VALLÉE DU RIFT

16 FLEURS ET HERBES

10 LA SAVANE

18 LES INSECTES

20 LES BACTÉRIES

DOSSIER

22 LA TERRE

24 CLIMATS ET BIOMES

26 LES CYCLES NATURELS

28 LES GROUPES D'ANIMAUX

30 GLOSSAIRE

31 INDEX

ZOOME !

Regarder à travers le zoom d'un appareil photo permet d'obtenir des images rapprochées d'objets lointains sans bouger tout en les détaillant de plus en plus ! Tu peux, par exemple, photographier à distance un papillon sur une feuille ; le principe de lecture de ce livre est le même.

Imagine que tu voyages dans l'espace pour photographier la Terre. Ta photo ressemblerait à l'illustration des pages 6 et 7. Maintenant, tourne la page et zoome sur l'Afrique orientale, pages 8 et 9, pour visiter la vallée du **Rift**. Te voici transporté dans un paysage d'anciennes **caldeiras** volcaniques, au beau milieu de plaines verdoyantes, couvertes d'arbres et de buissons. Zoome ensuite pour découvrir les surprenants habitants de ce paysage sauvage. Des éléphants, des girafes, des zèbres, des lions et bien d'autres animaux peuplent la savane. Dans les herbes hautes, tu découvriras de plus petites créatures, moins familières. Tu distingueras également des fleurs, et des fourmis en plein travail. Enfin, zoome sur le monde microscopique des **bactéries** qui vivent sur le dos d'une fourmi.

Si tu veux faire ce fascinant voyage, il te suffit d'ouvrir ce livre incroyable : il te fera découvrir la nature comme tu ne l'as jamais vue ! Alors, zoome…

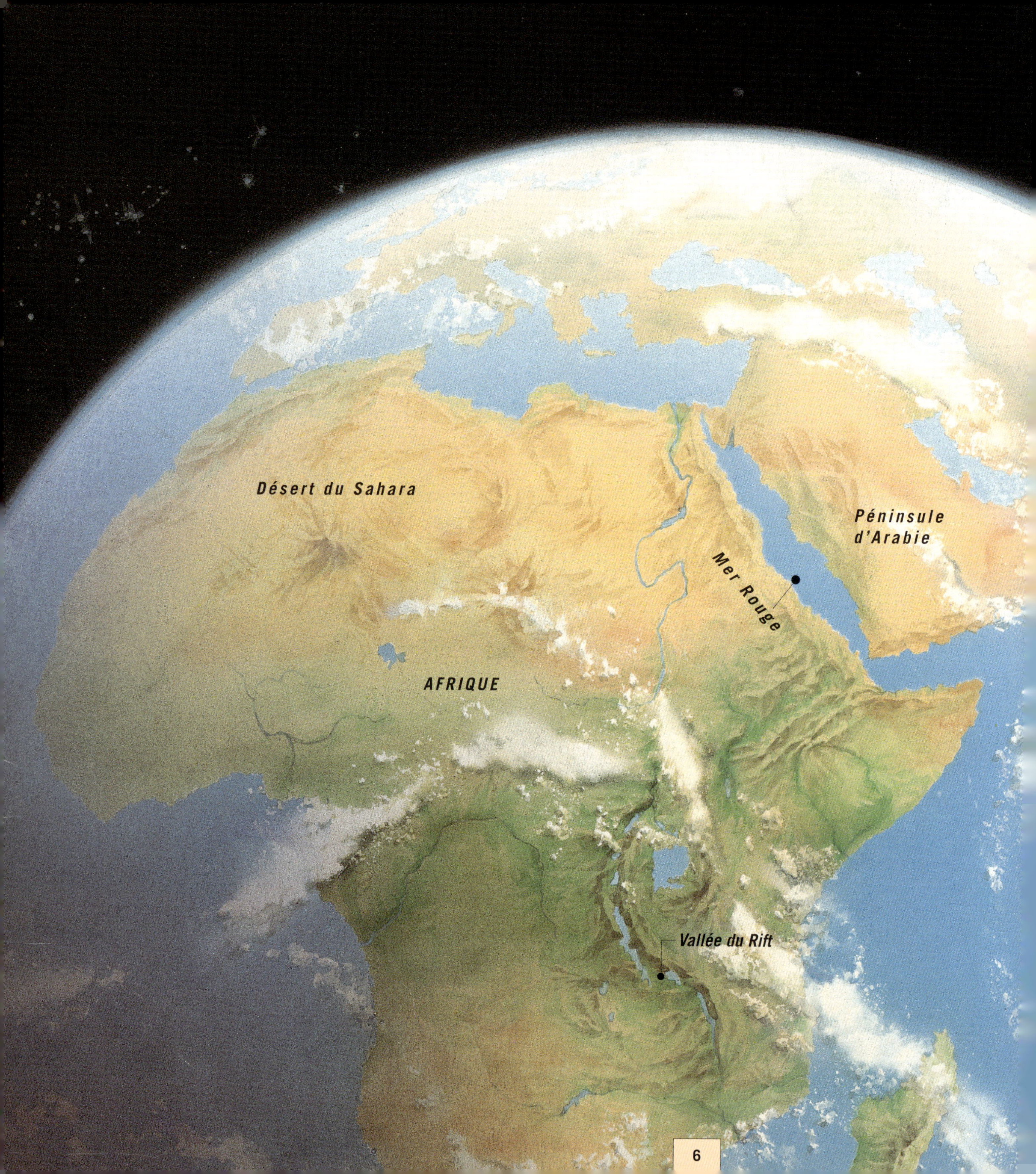
Désert du Sahara
Péninsule
d'Arabie
Mer Rouge
AFRIQUE
Vallée du Rift

LA TERRE

Notre planète compte parmi les neuf planètes du système solaire. Grâce à la présence de l'eau, elle est la seule qui abrite une forme de vie connue. Son **atmosphère** la protège contre les rayons nocifs du Soleil et les bombardements de grands corps rocheux venant de l'espace.

La Terre est parfois comparée à un immense vaisseau spatial qui se déplace, à travers l'espace, à plus de 100 000 km/h. La survie de tous ses habitants dépend des ressources dont elle dispose. Des éléments essentiels comme l'eau et les **nutriments** sont recyclés dans la nature au profit de tous les êtres vivants *(pages 23 et 26)*.

ZOOME SUR L'AFRIQUE, L'UN DES CINQ CONTINENTS

LA VALLÉE DU RIFT

Te voici en Afrique orientale, dans la vallée du **Rift**, un vaste et spectaculaire fossé géologique creusé lors de la séparation de **plaques tectoniques** *(voir page 22)*.

Du **magma**, issu des profondeurs de la Terre, est venu remplir ce creux et la **croûte** terrestre s'est étirée, amincie et, finalement, s'est fendue en une série de failles. Une longue vallée étroite court

LE CONTINENT AFRICAIN ABRITE LA VALLÉE DU RIFT

ZOOME À L'INTÉRIEUR D'UNE CALDEIRA

entre ces failles : c'est la vallée du **Rift** qui s'étend en Afrique orientale du Mozambique au sud jusqu'à la mer Rouge au nord. Le **magma** est proche de la surface, ce qui explique la présence de nombreux volcans, jeunes et anciens, dans la vallée. Il en va de même pour les **caldeiras**, vastes cratères creusés par des explosions volcaniques. Grâce à leurs parois, certaines font office d'abris naturels pour les animaux de la savane.

TROUVE LE POINT D'EAU DANS LA VALLÉE DU RIFT

LA SAVANE

La **savane**, où les herbes dominent, comporte aussi des arbres et des arbustes comme les acacias ou les baobabs.
Le **climat**, chaud et sec de juin à octobre, est très humide pendant la saison des pluies, de novembre à mai.

Les troupeaux d'animaux se dirigent vers les zones d'herbe et les plans d'eau en suivant un rituel très précis. Ainsi, au début de la saison sèche, ils migrent de leurs zones de reproduction au sud vers les régions plus humides du nord.

Dans cette vaste **caldeira**, le point d'eau est le centre de la vie sauvage, à la fois point de départ et d'arrivée de nombreux sentiers. À la recherche d'animaux blessés ou de cadavres, les vautours décrivent de grands cercles au-dessus des lieux.

ZOOME SUR LE POINT D'EAU POUR VOIR LES ANIMAUX

LES ANIMAUX

Les herbages de la **savane** d'Afrique de l'Est nourrissent de nombreux herbivores. Certains mangent l'herbe : le zèbre en broute l'extrémité, et la gazelle arrache les pousses à ras du sol. D'autres préfèrent les feuilles. C'est le cas de la girafe qui cueille les plus hautes pousses des arbres et de l'éléphant qui mange les feuilles (et l'écorce) situées plus bas. Quant au rhinocéros, il se nourrit de petits buissons et de plantes.

DÉTAILLE LES ANIMAUX QUI VIVENT DANS LA SAVANE

ZOOME SUR LES PETITS ANIMAUX DE LA SAVANE

Les carnivores de la **savane** chassent certains herbivores. Le lion, caché dans les fourrés, se jette sur sa proie pour l'attraper. Les charognards, tels le marabout, les vautours et les hyènes (qui chassent aussi) se nourrissent des carcasses abandonnées par le lion et d'autres animaux.

LES PETITS ANIMAUX

De petites créatures vivent dans la **savane**. La mangouste rayée (50 cm de long) chasse les lézards, souris, insectes et autres petites proies. À la saison sèche, des groupes de mangoustes parcourent parfois plusieurs kilomètres par jour pour manger.

REGARDE LES PETITS ANIMAUX DE LA SAVANE

Lézards arc-en-ciel

Le daman de rocher, parent éloigné de l'éléphant, est un autre petit mammifère de la savane qui se nourrit d'herbe. Les mâles, qui quittent le groupe familial pour s'accoupler, peuvent parcourir de longues distances à travers les plaines où ils sont la proie facile des aigles, des léopards, des lions, des hyènes et des serpents affamés.

ZOOME SUR LES FLEURS ET LES HERBES

DE PETITS ANIMAUX SE NOURRISSENT DE PLANTES ET D'INSECTES

ZOOME SUR LA TIGE D'UNE PLANTE

FLEURS ET HERBES

De nombreux végétaux – les herbes et les fleurs de la **savane** – adaptés à la saison sèche poussent aisément dans ce sol riche, fertilisé par l'**érosion** des roches volcaniques *(voir page 23)* de la vallée du Rift.

La richesse et la diversité de la flore sont une source de vie importante pour les insectes. La couleur des pétales des fleurs, les fortes odeurs et la présence d'un liquide sucré, le nectar, guident les abeilles et les papillons jusqu'aux plantes où ils se nourrissent tandis que des grains de **pollen** se collent à eux. En butinant, ils s'en débarrassent. Ce transfert de pollen permet la reproduction des plantes.

ET MAINTENANT GROS PLAN SUR LES FOURMIS

LES INSECTES

Les insectes jouent un rôle essentiel, dans la **savane** *(voir page 27)*. Les papillons et les abeilles répandent le **pollen**. D'autres décomposent plantes et animaux morts, facilitant ainsi le recyclage des **nutriments** pour les êtres vivants. Les termites rapportent de la matière végétale décomposée dans leur nid pour y faire pousser les **champignons** dont ils se nourrissent. Les bousiers préparent leur nid dans les excréments, où ils pondent ensuite leurs œufs, car les larves y trouvent leur nourriture. D'autres, comme les criquets, se déplacent en essaim et consomment de grandes quantités de végétaux.

Les fourmis, membres importants de la savane, sont des insectes sociaux vivant en colonies. Chaque individu effectue des tâches précises pour l'ensemble du

groupe et l'organisation hiérarchique est stricte. Les ouvrières exécutent de nombreux travaux. Ces femelles s'occupent des œufs et des larves et vont chercher la nourriture. Ci-dessous, elles grimpent sur une tige et partageront ensuite la nourriture récoltée avec les membres de la colonie.

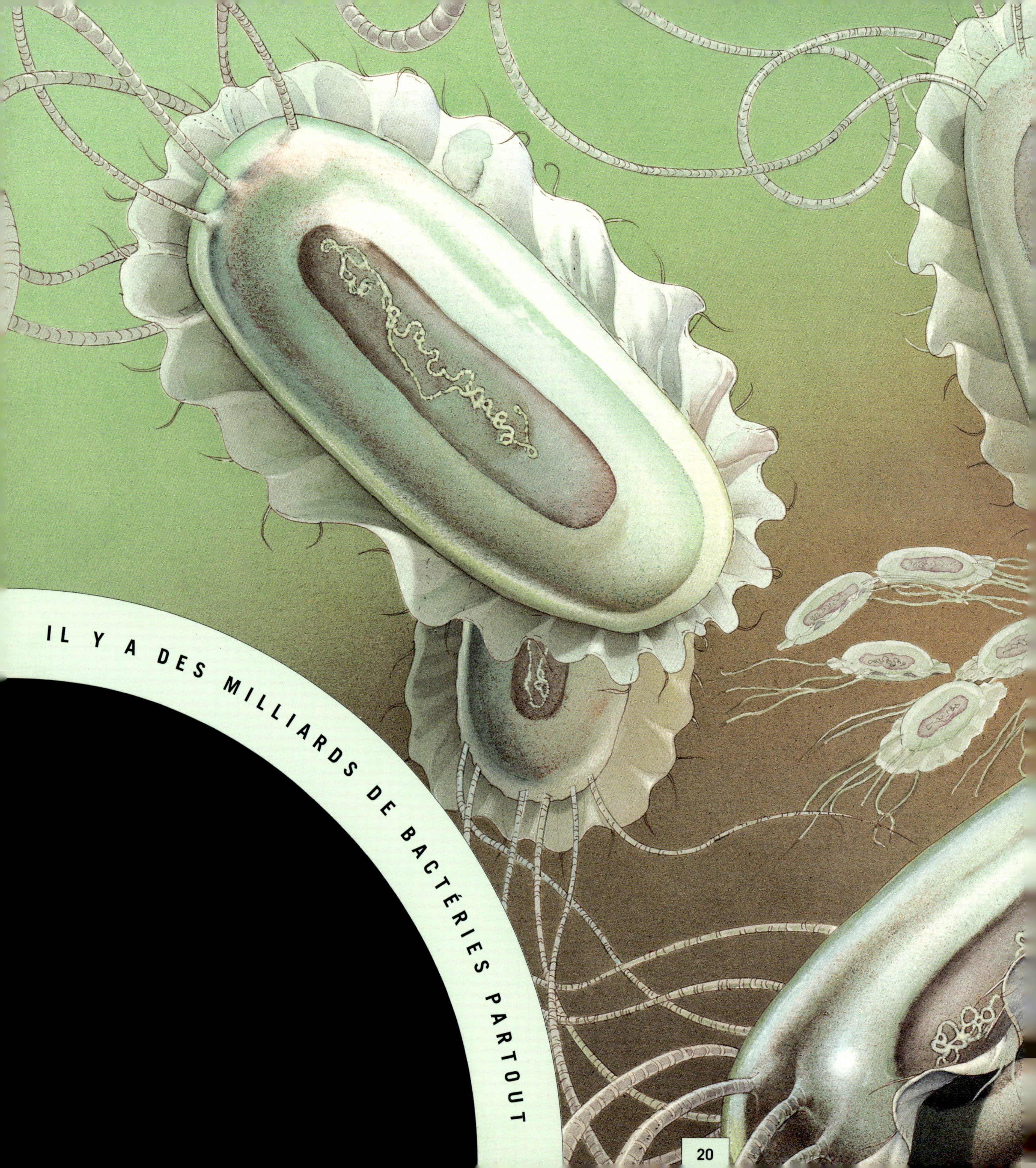

IL Y A DES MILLIARDS DE BACTÉRIES PARTOUT

LES BACTÉRIES

Ces **bactéries** vivent sur le dos des fourmis. Les bactéries sont partout : dans l'air, dans les profondeurs de l'océan, sur les glaciers, dans des roches au-dessous de la surface terrestre, et certaines dans notre corps.

Ces **organismes** microscopiques mesurent de 0,0002 à 0,05 millimètre. Leur peau externe, très dure, contient une substance gélatineuse appelée cytoplasme et certains sont même dotés d'une queue (flagelle) pour se déplacer.

Les bactéries, qui accélèrent la décomposition des plantes et animaux morts et permettent aux **nutriments** de retourner dans le sol *(voir page 26)*, sont nécessaires à la vie sur Terre. Mais certaines génèrent des maladies si elles pénètrent dans l'organisme d'un autre être vivant.

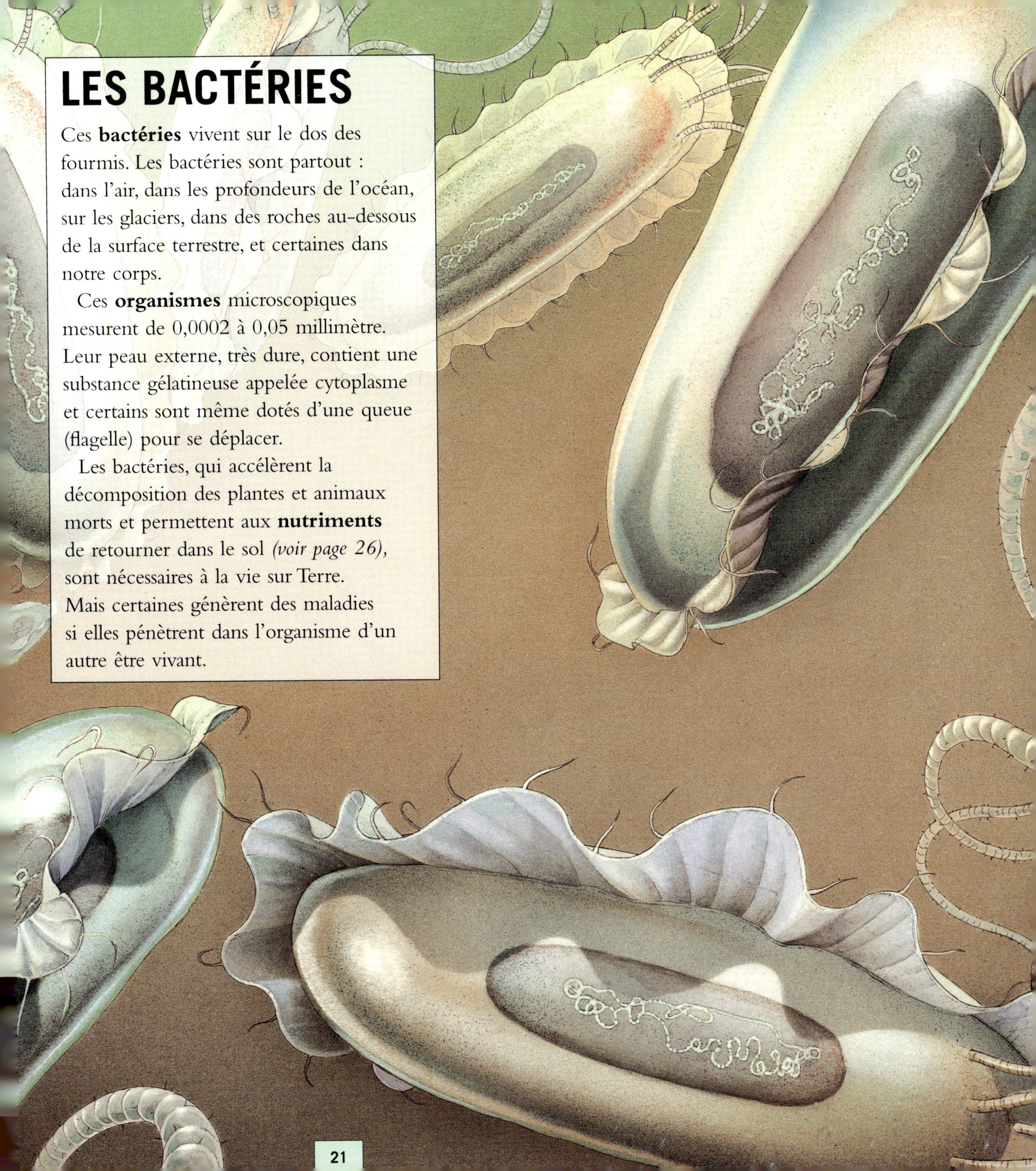

LA TERRE

La Terre est une sphère formée de plusieurs enveloppes *(voir ci-contre)*. L'enveloppe externe est une fine **croûte** rocheuse de quelques kilomètres d'épaisseur. Sous celle-ci, le **manteau** se divise en manteau supérieur (mélange de roche solide et en fusion) et manteau inférieur (couche rocheuse solidifiée par la pression des roches situées au-dessus). Le noyau central se compose essentiellement de fer : liquide du côté externe et solide au centre. La température, de 1 500 °C à la base de la croûte terrestre, s'élève à 7 500 °C au centre de la Terre.

L'enveloppe externe se divise en 7 grandes **plaques tectoniques** et 5 petites. Ces plaques entrent localement en collision : leurs bords s'élèvent en formant les montagnes ou s'enfoncent sous l'effet du choc et des poussées de **magma** (roche en fusion) venant du manteau. Les plaques qui s'affrontent près des bordures océaniques peuvent déclencher des séismes, comme le long de la faille de San Andreas en Californie, ou des éruptions volcaniques.

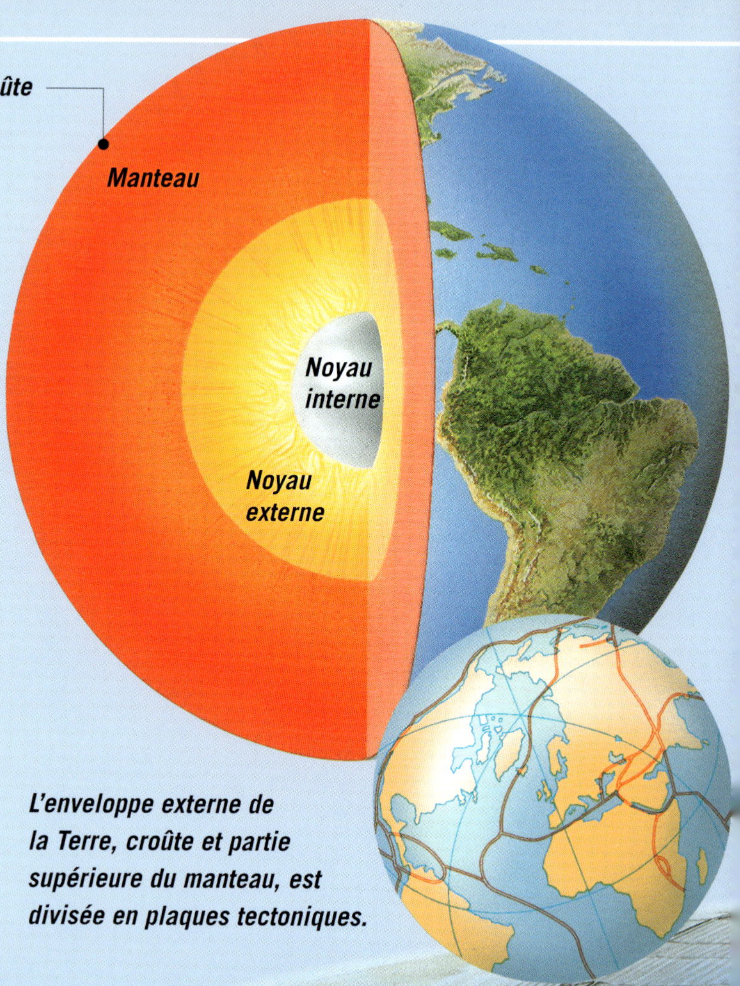

L'enveloppe externe de la Terre, croûte et partie supérieure du manteau, est divisée en plaques tectoniques.

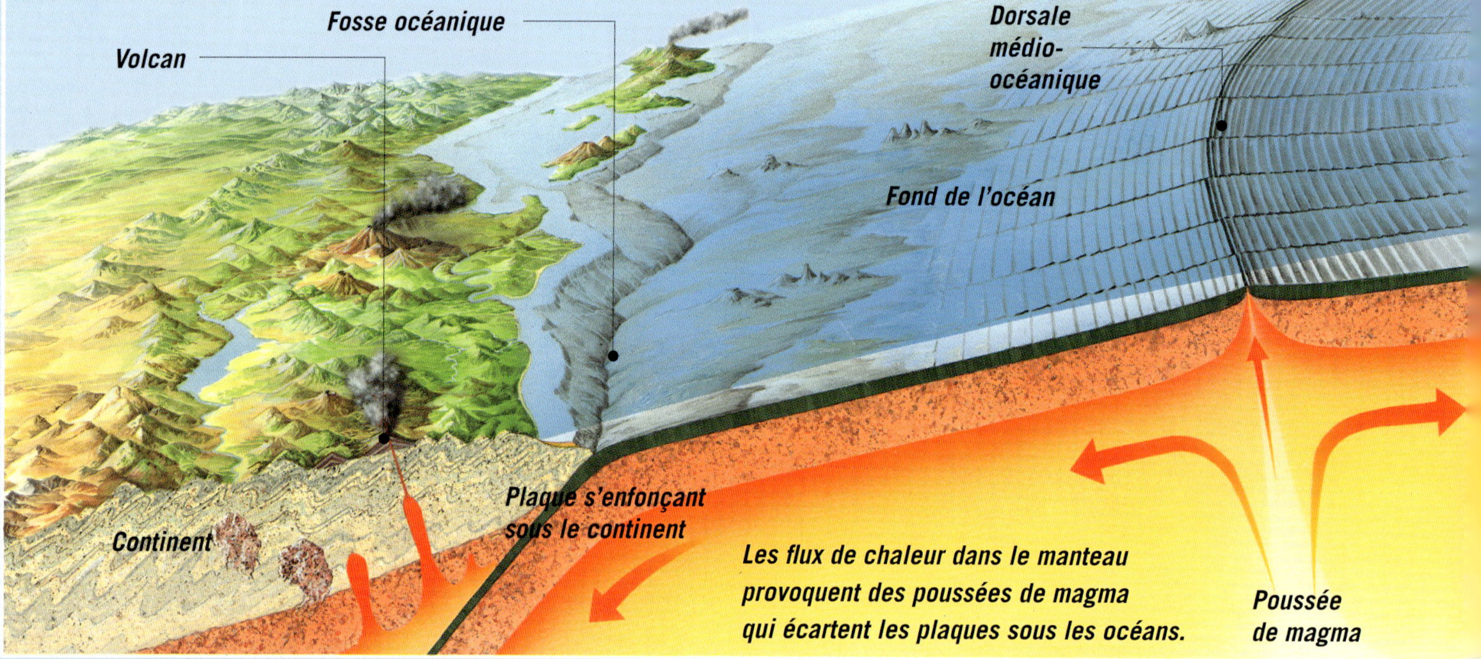

Les flux de chaleur dans le manteau provoquent des poussées de magma qui écartent les plaques sous les océans.

La Terre est la seule planète à abriter de l'eau liquide. Celle-ci circule entre sa surface et son **atmosphère** (couche d'air qui entoure la planète) dans un cycle appelé cycle de l'eau *(voir ci-contre)*.

L'eau modifie constamment la surface de la Terre. En effet, malgré leur apparence solide et immuable, les roches subissent en permanence l'**érosion**. Soumises à des températures extrêmes, elles se fendent. L'eau qui s'infiltre et qui gèle les fait éclater. Le choc des vagues, la course des rivières et le contact des glaciers les usent. Sur des millions d'années, ce processus d'érosion forme de larges vallées et aplanit les chaînes de montagne.

Réchauffée par le soleil, l'eau s'évapore des lacs, des fleuves et des océans. Dans les hauteurs, cette humidité se refroidit, se condense et retourne à l'état liquide. Des gouttes d'eau ou des cristaux de glace minuscules se rassemblent autour de particules de poussière pour former les nuages, puis retombent sous forme de pluie ou de neige. Les fleuves entraînent l'eau vers les océans.

Les **roches sédimentaires** comme le grès ou le calcaire sont formées de sable, de gravier, de boue et d'autres fragments dus à l'érosion (et aux résidus d'animaux). À mesure qu'ils s'entassent, ces débris deviennent de la roche. Les **roches ignées** comme le granite et le basalte proviennent du refroidissement et de la solidification d'une poussée de magma dans la croûte terrestre. Les **roches métamorphiques** comme le marbre et l'ardoise se forment lorsque la roche est soumise à de fortes pression et chaleur. On appelle **cycle** cette transformation continue de l'un de ces types de roche en un autre *(voir ci-dessous)*.

Formées sous la mer, les roches sédimentaires peuvent plonger dans la Terre lorsqu'une plaque tectonique passe sous une autre **(page 22)*****. Elles fondent ensuite, remontent et se refroidissent pour former des roches ignées. Elles peuvent aussi être écrasées ou fondues pour former des roches métamorphiques. Tous les types de roches retournent à l'état sédimentaire sous l'action de l'érosion. Ces transformations constituent un cycle*** **(voir ci-contre).**

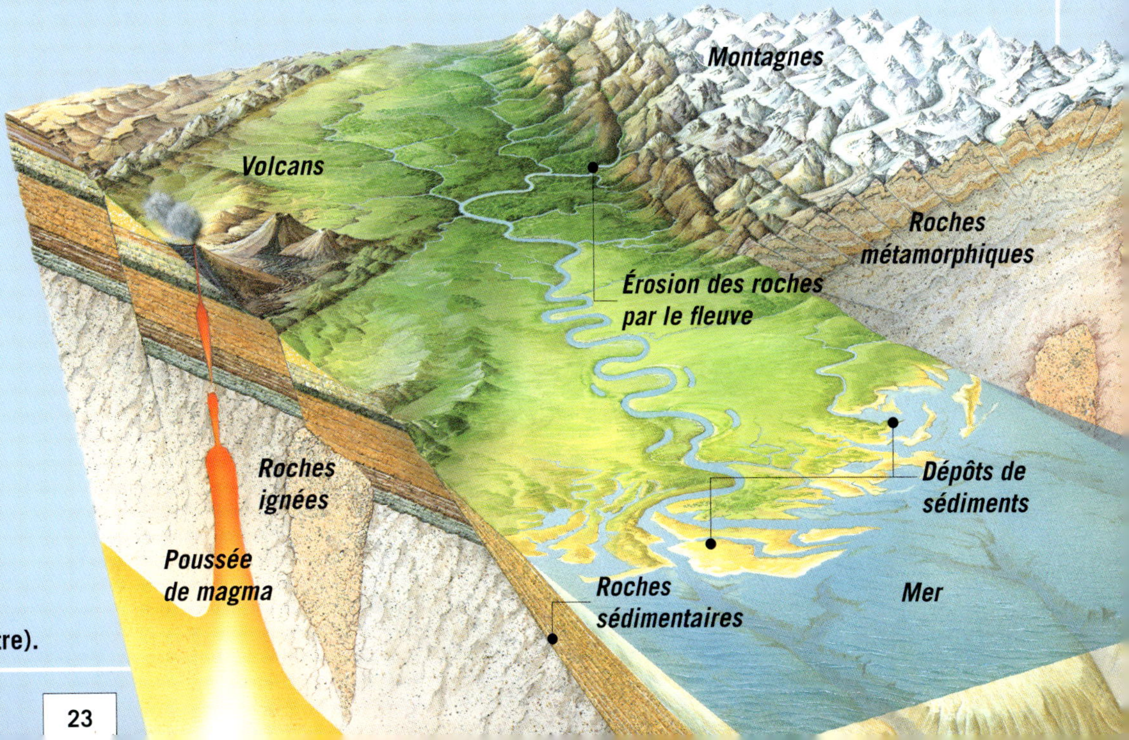

CLIMATS ET BIOMES

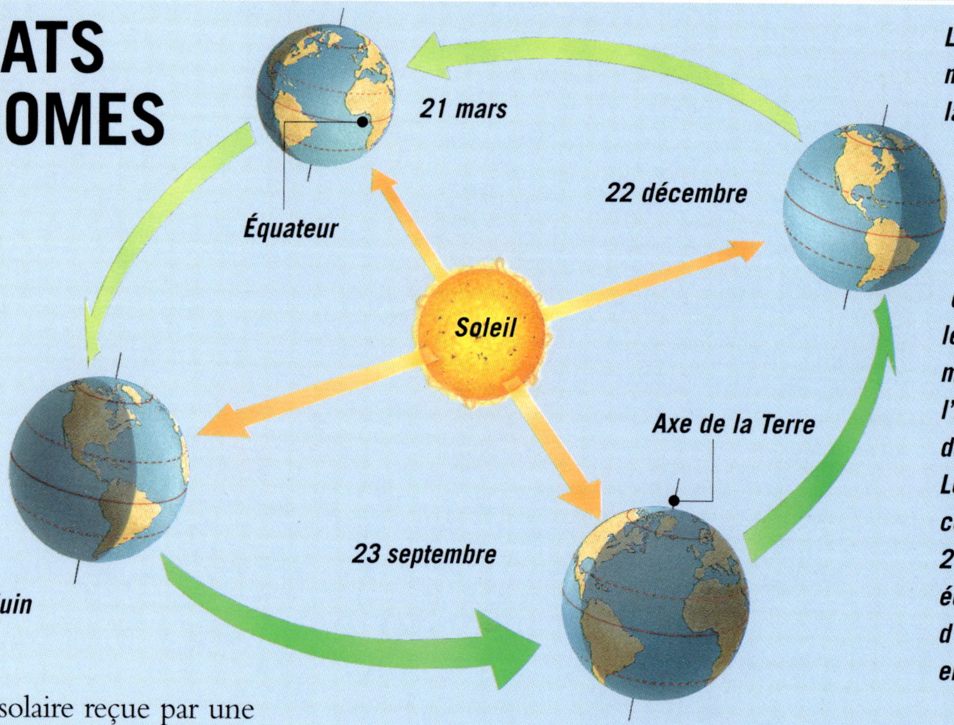

Lorsqu'elle tourne sur elle-même et autour du Soleil, la Terre est légèrement inclinée. Cette position explique les saisons. Lorsque l'hémisphère Nord est le plus proche du Soleil, le 21 juin, c'est le solstice d'été alors qu'au même moment, dans l'hémisphère Sud, éloigné du Soleil, c'est l'hiver. Le 22 décembre, c'est le contraire. Le 21 mars et le 23 septembre, lors des équinoxes de printemps et d'automne, le Soleil est bien en face de l'équateur.

La chaleur solaire reçue par une région conditionne son **climat**. Produits par le réchauffement irrégulier du globe, les vents soufflent de l'air frais pour remplacer l'air plus chaud qui s'élève. Lorsque l'eau évaporée de la surface de la Terre refroidit en altitude et se condense, il pleut ou il neige *(page 23)*. Les différentes régions du monde ont des tendances atmosphériques régulières sur de longues périodes : c'est le climat. Ce phénomène est dû à la rotation de la Terre autour du Soleil *(voir ci-dessus)*, aux courants océaniques et aux vents. Le climat tropical chaud et humide toute l'année s'observe autour de l'équateur, la zone la plus proche du Soleil. Le climat des régions tropicales traversées par des vents secs est désertique. Au niveau des pôles, le Soleil est plus bas dans le ciel, ce qui réduit considérablement les températures. Entre les tropiques et les pôles, les régions tempérées connaissent des étés chauds et des hivers froids.

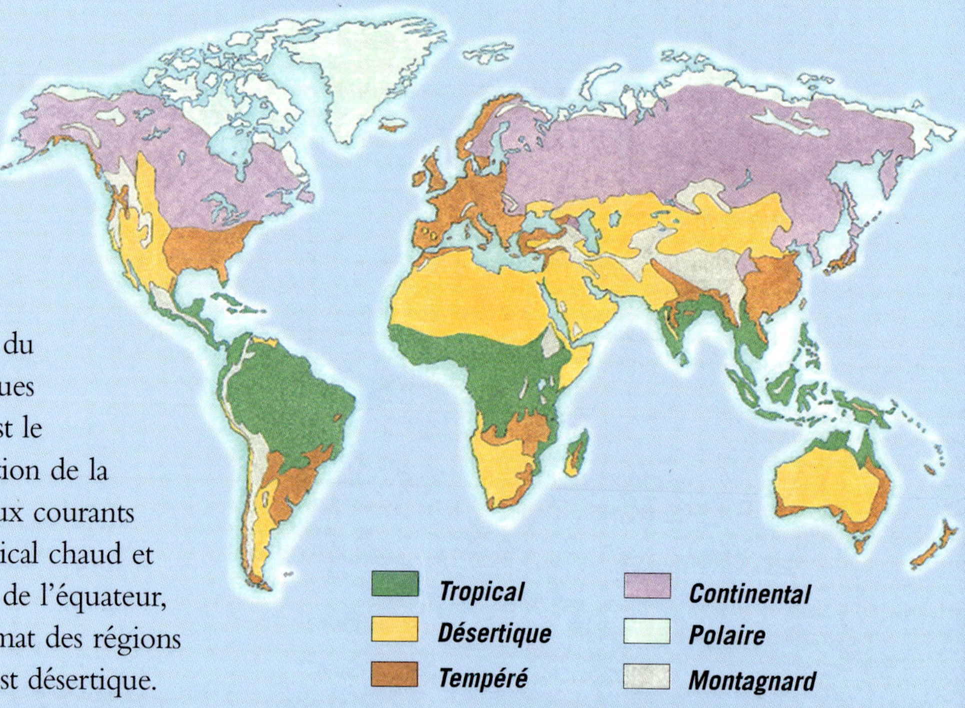

Ces climats sont en partie soumis à l'influence des courants océaniques. Par exemple, l'Europe occidentale est réchauffée par le Gulf Stream (courant originaire des mers tropicales).

Un **biome** est l'ensemble des êtres vivants d'une zone dont les limites sont essentiellement de nature climatique. Chaque biome se compose d'une variété d'**habitats**. Le chêne, le hêtre ou l'érable sont des constituants de la forêt tempérée (4). Les régions polaires (1) sont couvertes de neige et de glace. Non loin des terres du pôle Nord, se trouve la toundra (2), région trop froide pour les arbres où la mousse parvient à pousser en été lorsque la neige a fondu. La forêt boréale de conifères (3) couvre une grande partie du nord de la Russie et de l'Amérique du Nord. La forêt tempérée à feuilles caduques (4) s'étend dans les régions au **climat** plus doux. Les déserts (5), généralement vides et rocailleux, sont parfois couverts de sable.

La **savane** (6), chaude et sèche, connaît une saison des pluies. Dans le biome le plus riche en espèces vivantes, la forêt tropicale humide (7), les pluies sont intenses toute l'année. Enfin, dans l'océan (8), les eaux peu profondes regorgent d'êtres vivants.

LES CYCLES NATURELS

Tous les animaux et les plantes ont besoin de **nutriments** (minéraux et autres substances) pour se développer. Les éléments qui forment les nutriments tels que l'oxygène, le carbone et le soufre sont recyclés *via* les plantes et la terre *(voir ci-dessous)*.

Au moyen de leurs racines, les plantes puisent les nutriments du sol (1). Elles les utilisent, ainsi que le gaz carbonique et la lumière du Soleil, pour se nourrir. Les herbivores absorbent des végétaux et les digèrent (2). Les nutriments sont alors transmis aux carnivores ou reviennent à la terre lors de la mort des animaux (3). Le gaz carbonique rejeté par les animaux retourne dans l'air. Les **champignons**, les microbes et les animaux qui vivent dans la terre facilitent le processus de décomposition des cadavres et libèrent des nutriments qui seront, à nouveau, absorbés par les plantes.

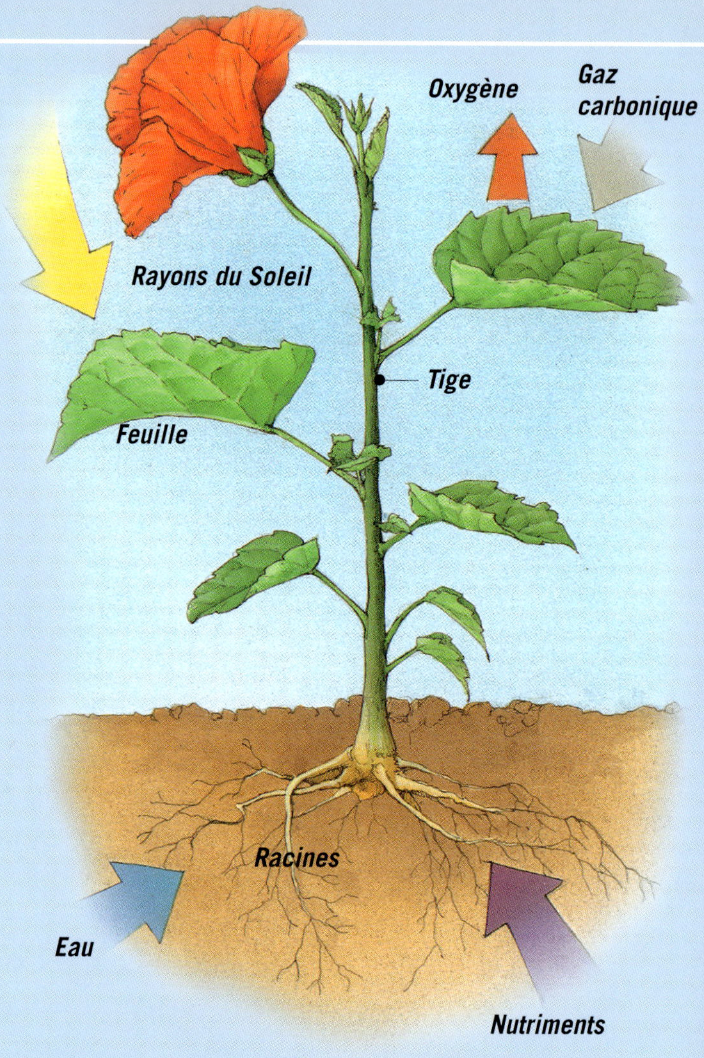

Les plantes jouent un rôle essentiel dans le recyclage des nutriments et de l'oxygène *(voir ci-dessus)*. Grâce à ses racines, la plante puise dans le sol des nutriments et de l'eau. Sa tige la dresse au-dessus de la surface et porte les feuilles qui représentent en quelque sorte une « usine à nourriture ». En effet, un pigment vert, la chlorophylle, absorbe l'énergie de la lumière du Soleil et l'utilise dans une réaction chimique lors de laquelle l'eau du sol et le gaz carbonique se combinent pour former le sucre qui nourrit la plante. C'est la **photosynthèse**. L'oxygène, expulsé dans l'air avant d'être inspiré par les animaux, est un dérivé de la photosynthèse.

Quel que soit leur **habitat**, les êtres vivants survivent grâce à leur complémentarité. Ils forment une **communauté**. Les plantes terrestres se nourrissent d'eau, de lumière et de nutriments du sol alors que les plantes marines se nourrissent de l'eau de l'océan. Les **herbivores**, petits insectes, mammifères et oiseaux, se nourrissent de plantes, les carnivores d'autres animaux. Les relations entre les plantes et les animaux qui en dépendent forment ce que l'on appelle une **chaîne alimentaire**. Le régime des animaux est varié. Par exemple, un ours mange des végétaux, des herbivores, des insectivores et des insectes. Les chaînes alimentaires s'inscrivent donc dans des réseaux alimentaires plus complexes *(voir ci-contre)*. Or, la disparition d'un animal ou d'une plante peut déséquilibrer l'ensemble du réseau.

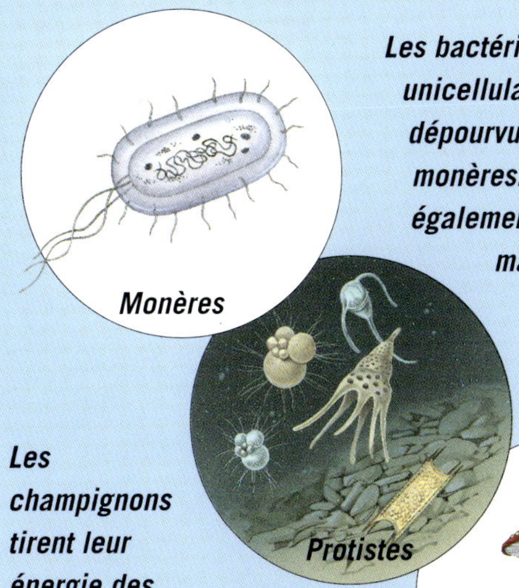

Les bactéries, organismes unicellulaires microscopiques dépourvus de noyau, sont des monères. Les protistes sont également unicellulaires mais possèdent un noyau.

Un individu d'une communauté est appelé **organisme**. Tous ces organismes sont classés en grands groupes, les règnes. Les **monères** sont les organismes les plus simples. Les **protistes** sont un peu plus complexes. Suivent ensuite les **champignons**, les plantes, puis les animaux *(page 28)*.

Les champignons tirent leur énergie des organismes morts ou malades. Les plantes tirent leur énergie de la lumière du Soleil, tandis que les animaux carnivores se nourrissent d'autres êtres vivants et les herbivores de plantes. Le règne animal inclut de nombreuses espèces d'invertébrés (animaux sans colonne vertébrale) comme les arthropodes, les mollusques, les vers et les éponges.

GROUPES D'ANIMAUX

Machaon

Invertébrés : Animaux sans colonne vertébrale. Ce groupe comprend des espèces marines (éponges, méduses, anémones de mer, mollusques, crustacés), des micro-organismes (protozoaires), les insectes, les araignées, les mille-pattes.

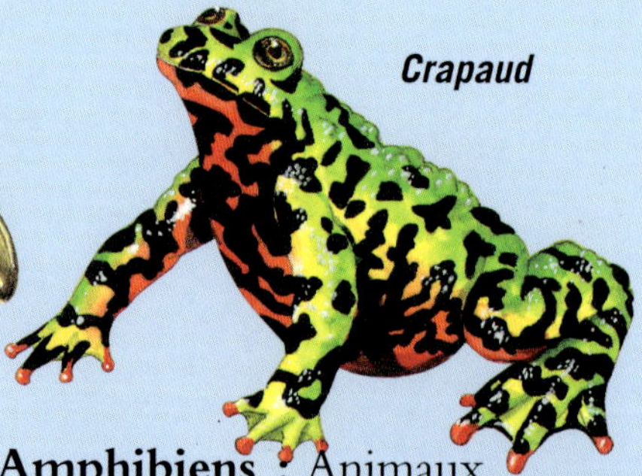

Crapaud

Amphibiens : Animaux se reproduisant dans l'eau (tritons, salamandres, grenouilles et crapauds). Leurs petits sont aquatiques et respirent avec des branchies avant de développer des poumons à l'âge adulte.

Grand requin blanc

Poissons : Animaux aquatiques respirant au moyen de branchies. Ils ont le sang froid et sont en général de forme fuselée. Beaucoup possèdent une armure d'écailles qui se chevauchent. Leurs nageoires les aident à se maintenir en équilibre et à se diriger.

Raie manta

Hippocampe

Il existe deux grands groupes de poissons : les sélaciens, au squelette cartilagineux (requins, raies), et les téléostéens, au squelette osseux (hippocampe, saumon, morue, anguille).

Saumon

Cobra royal

Reptiles : Animaux à sang froid, à la peau écaillée, ce sont les lézards, serpents, tortues et crocodiles. La plupart pondent des œufs et doivent se réchauffer au soleil pour élever leur température corporelle avant d'être capables de bouger.

Tortue verte

Oiseaux : Animaux à sang chaud et à plumes dont les membres supérieurs se sont développés en ailes.

Autruche

Les émeus, les autruches, les kiwis et les manchots font partie des oiseaux qui ne volent pas.

Faucon

Parmi les 9000 espèces d'oiseaux, on trouve les oiseaux marins, les canards, les rapaces, les cigognes, les martinets, les martins-pêcheurs, les coucous et les nombreux passereaux.

Oiseau de paradis

Kangourou

Mammifères : Animaux à sang chaud qui donnent naissance à des petits se nourrissant de lait. Les monotrèmes (ornithorynque et échidnés) pondent des œufs et allaitent leurs petits. Les mammifères possèdent une fourrure ou un duvet protecteur, excepté les cétacés.

Chauve-souris

Les petits des marsupiaux ne sont pas totalement développés à la naissance. Ils voient le jour prématurément et poursuivent leur développement dans la poche ventrale de leur mère. C'est le cas des kangourous, du koala, des opossums. Des petits rongeurs aux énormes baleines, les mammifères se sont adaptés à une grande variété d'**habitats**. Certains broutent des feuilles, d'autres sont carnivores. Les chauves-souris sont les seuls mammifères volants.

Tamia (petit écureuil)

Éléphant d'Asie

Renard roux

Baleine à bosse

GLOSSAIRE

Arthropodes Animaux au squelette externe dur, dotés de paires de pattes articulées : les insectes, les crustacés, les araignées et les mille-pattes.

Atmosphère Enveloppe de gaz entourant une planète, lune ou étoile.

Bactéries Minuscules organismes unicellulaires qui vivent parfois dans d'autres organismes. Certaines sont à l'origine de maladies. Les bactéries jouent un rôle vital dans le recyclage des nutriments du sol.

Biome Ensemble des êtres vivants occupant une vaste zone (toundra, désert, savane).

Caldeira Cuvette ronde formée après une violente éruption volcanique lors de laquelle le volcan s'est effondré sur lui-même.

Cellule Minuscule élément constitutif fondamental de tous les êtres vivants.

Chaîne alimentaire Ensemble des animaux et des végétaux qui dépendent les uns des autres pour leur nourriture : une plante est mangée par un animal qui est lui-même mangé par un autre et ce, sans fin. Comme les animaux ont une nourriture diversifiée, les chaînes alimentaires font partie de réseaux alimentaires plus complexes.

Champignons Organismes vivants qui se nourrissent de matière végétale et animale en décomposition et se reproduisent au moyen de spores.

Climat Ensemble des phénomènes météorologiques qui affectent une région de façon permanente.

Croûte ou **Écorce terrestre** Couche externe, rocheuse et mince, de la Terre.

Érosion Action de l'eau, du vent, de la chaleur ou du gel dans l'usure des roches.

Habitat Environnement dans lequel vit une plante ou un animal.

Invertébrés Animaux dépourvus de colonne vertébrale.

Magma Roche chaude en fusion présente sous la croûte terrestre.

Monère Organisme unicellulaire dépourvu de noyau. Les bactéries sont des monères.

Manteau Couche de la Terre située entre la croûte et le noyau, cœur de la planète.

Migration Mouvement d'une population animale d'un endroit à un autre à une certaine période de l'année dans le but de se nourrir ou de se reproduire.

Nutriments Substances nécessaires à un organisme pour assurer son activité et se développer (= aliments).

Organisme Tout être vivant.

Photosynthèse Processus par lequel les plantes utilisent la lumière du Soleil comme source d'énergie pour transformer le gaz carbonique et l'eau en sucres nécessaires à leur nutrition.

Plaques tectoniques Larges dalles qui composent la surface de la Terre et se déplacent les unes par rapport aux autres.

Pollen Grains microscopiques produits dans la partie mâle d'une fleur et transférés dans la partie femelle de cette même fleur ou d'une autre pendant la pollinisation.

Protiste Organisme unicellulaire contenant un noyau.

Rift (vallée du) Longue fracture de l'écorce terrestre en Afrique orientale.

Savane Prairie tropicale, plus ou moins parsemée d'arbres et d'arbustes.

Vertébrés Animaux munis d'une colonne vertébrale.